Salvemos la Tierra

por Megan Litwin

PEARSON
Scott Foresman

DK

Lo que ya sabes

La tierra, el agua y el aire son importantes para nosotros. La superficie de nuestro planeta está cubierta de tierra y de agua. Las llanuras, las colinas y los acantilados son formas de la tierra. Los ríos, los lagos y los mares y océanos son formas del agua. En la superficie de nuestro planeta hay más agua que tierra.

Las rocas y el suelo provienen de la naturaleza. Las rocas son cosas sin vida. Son un recurso natural que los seres vivos pueden usar. El suelo es un recurso natural. Contiene arena, arcilla y humus. La tierra cambia con el tiempo. El agua y el hielo hacen que las rocas se rompan y cambien. Eso se llama meteorización. La erosión ocurre cuando el viento y el aire mueven rocas y pedazos de suelo.

Las personas usamos la tierra, el agua y el aire de muchas maneras. La tierra se usa para plantar árboles y cultivar alimentos. Los minerales también provienen de la tierra. Se encuentran en las rocas. Usamos el agua para bañarnos, beber y limpiar. También sirve de hogar a muchos animales. Los seres vivos usan el aire para respirar y crecer.

Algunos recursos naturales se pueden acabar. Hay que reutilizar, reducir y reciclar para cuidar la tierra, el agua y el aire. Este libro te mostrará formas de reutilizar, reducir y reciclar para que, entre todos, salvemos la Tierra.

La Tierra

La Tierra es nuestro planeta. Usamos sus recursos naturales, que necesitamos para vivir. Pero hay que cuidarla. Tenemos que salvar la tierra, el agua y el aire del planeta. Podemos hacerlo si practicamos las tres R.

Las tres R quieren decir reducir, reutilizar y reciclar. Si usamos menos, reducimos. Hay menos basura cuando se usan menos cosas. Así se ahorran recursos.

Cuando usamos las cosas más de una vez, reutilizamos. Hay cosas que sirven varias veces. Algunas cosas también se pueden cambiar para darles otro uso diferente.

Cuando convertimos las cosas viejas en algo nuevo, reciclamos. Las llantas de los carros se pueden reciclar. Se pueden convertir en alfombras de goma para pisos.

Los recursos de la Tierra son importantes para nosotros. Nuestro trabajo es cuidarlos.

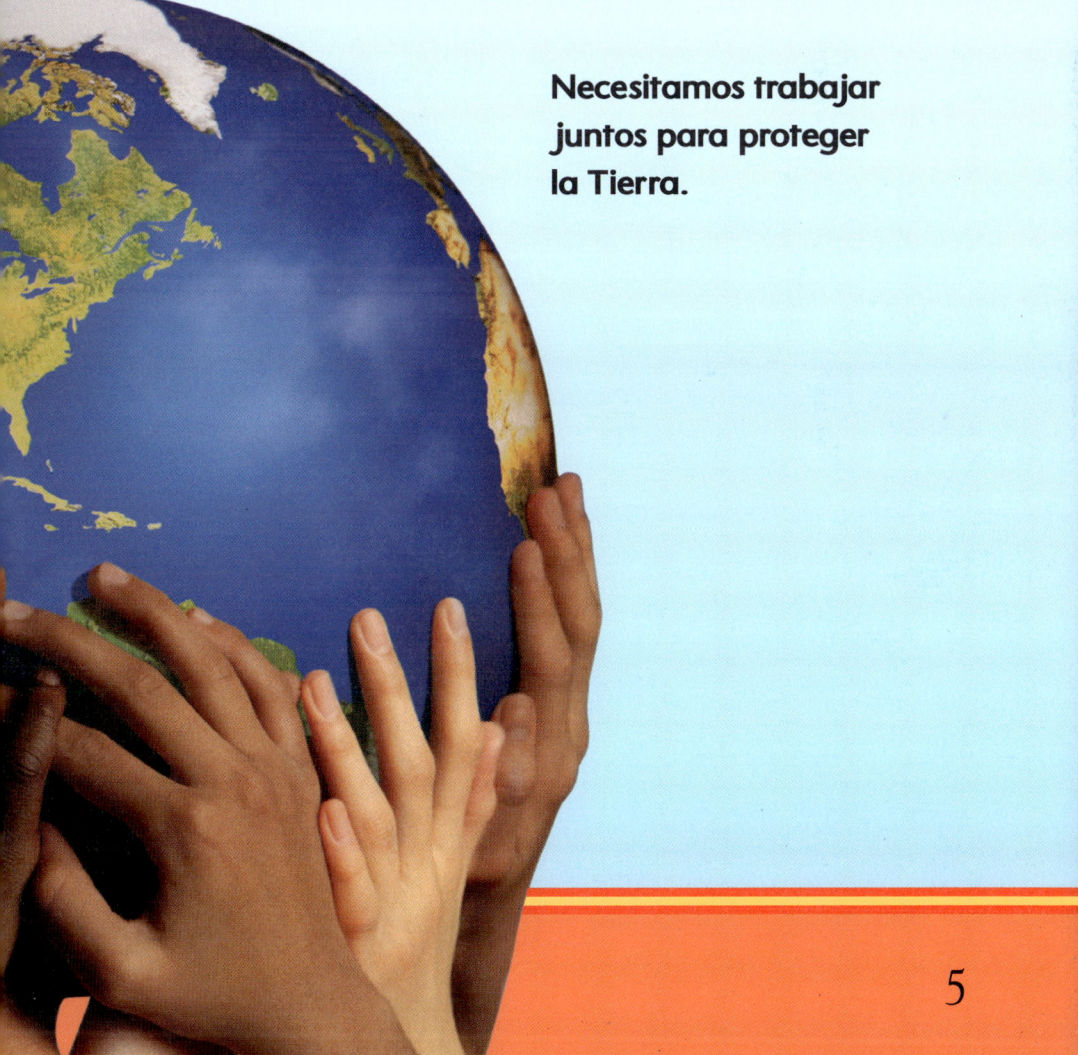

Necesitamos trabajar juntos para proteger la Tierra.

¡Reducir!

    ¿Sabías que la mayoría de la gente de los Estados Unidos tira más de dos libras de basura al día? ¡Eso es casi lo que pesa un perro pequeño! Puedes tirar menos cosas a la basura. Piensa en lo que tiras en el bote de la basura en casa y en la escuela.

Trata de tirar menos cosas a la basura.

Apaga la luz.

Empieza a reducir los recursos que usas. Apaga las luces después de usarlas. Eso ahorra electricidad. Recuerda cerrar la llave del agua cuando termines de usarla. Si dejas el agua correr se pierden muchos vasos de agua. Cierra la llave mientras te cepillas los dientes.

Cierra la llave del agua.

Toma el autobús para ahorrar gasolina.

Toma el autobús de la escuela o, si puedes, camina. Así se ahorra gasolina. ¡En un autobús caben tantas personas como en unos veinte carros!

Lleva tu almuerzo en una lonchera. Úsala una y otra vez. Así no tienes que tirar una bolsa nueva cada vez que llevas almuerzo.

Usa una lonchera.

¡Reutilizar!

Usa las cosas más de una vez. Las puedes usar de la misma manera o para algo diferente. Usa una cesta para hacer las compras en vez de muchas bolsas de papel. Guarda las bolsas que uses. Reutilízalas cuando vuelvas a la tienda.

cesta de compras

bolsa de papel

Hay muchas más cosas que puedes reutilizar. Puedes regalar tu ropa cuando te empiece a quedar pequeña. ¡Ésa es una buena manera de reutilizar! Da tu ropa a niños más pequeños. También puedes dar la ropa que no quieres a una tienda para que la vendan a otras personas.

La ropa se puede volver a utilizar.

Usa los dos lados de una hoja de papel.

Usa los dos lados de una hoja de papel. Eso reduce la cantidad de hojas que usas. Puedes reutilizar muchas cosas para hacer proyectos de arte. Rollos de papel, botellas plásticas, recipientes viejos, bolsas y pedazos de papel de regalo se pueden convertir en obras de arte.

¿Qué puedes volver a usar en los proyectos de arte?

11

¡Reciclar!

Muchas cosas que tiramos a la basura se pueden reciclar. El reciclaje convierte la basura en algo que podemos usar. También ahorra recursos. Reciclar papel ayuda a salvar muchos árboles. También reduce la cantidad de basura. Busca el símbolo de reciclaje en las cosas que compras.

Símbolos de reciclaje

Muchas cosas que se usan a diario se pueden reciclar.

Hay muchas cosas que se pueden reciclar. El papel, el vidrio, el plástico y el metal se pueden convertir en cosas nuevas. Muchos lugares tienen recipientes para el reciclaje. La gente va a algunos de esos lugares a recoger cosas de los recipientes. También lleva cosas a los centros de reciclaje.

Recipientes como éstos nos ayudan a reciclar.

Las cosas de la naturaleza son fáciles de reciclar. Las hojas y el pasto seco se pueden poner en una pila para hacer abono orgánico. También se pueden echar las sobras de alimentos. El abono se convierte en fertilizante. El fertilizante se echa en el suelo para ayudar a las plantas a crecer.

abono orgánico

Trabajar juntos

   Hay muchas formas de ahorrar los recursos de la Tierra. Reduce, reutiliza y recicla. Tú puedes ayudar. Pon recipientes de reciclaje en tu casa o en la escuela. Recuerda las tres R. Todos podemos trabajar juntos para cuidar la Tierra.

Glosario

abono orgánico   mezcla de hojas, pasto y otras cosas para fertilizar el suelo

basura   algo que se tira porque no se necesita más

fertilizante   lo que se pone en el suelo para ayudar a las plantas a crecer

reciclar   usar otra vez

recipiente   objeto que sirve para poner cosas adentro

reducir   usar menos

reutilizar   convertir cosas viejas en cosas nuevas